꽃이 지다

꽃이 지다

담양 꽃바위에서 태어난 한 소녀의 生을 기억하며

초판 1쇄 인쇄 | 2025년 12월 15일
초판 1쇄 발행 | 2025년 12월 20일

지은이 | 조영규
펴낸이 | 조승식
펴낸곳 | (주)도서출판 북스힐

등 록 | 1998년 7월 28일 제22-457호
주 소 | 서울시 강북구 한천로 153길 17
전 화 | (02) 994-0071
팩 스 | (02) 994-0073

홈페이지 | www.bookshill.com
이메일 | bookshill@bookshill.com

정가 12,000원

ISBN 979-11-5971-725-3

Published by bookshill, Inc. Printed in Korea.

꽃이 지다

담양 꽃바위에서 태어난
한 소녀의 生을 기억하며

조영규 지음

북스힐

차례

1부 꽃이 지다

2부 꽃이 진 후

3부 기억이 지다

4부 기억을 더듬어

1부

꽃이 지다

나 괜찮다.

울지마라, 아가야.

한평생 잘 살다 간다.

나는 네가 내 아들이라 기뻤단다.

사랑한다, 아들.

꽃이 지다

한 번 지는 것은 꽃들에게 정해진 것이다.
한 번 죽는 것은 사람에게 정해진 것이다.

한 번 지는 것은 꽃들의 운명이다.
한 번 죽는 것은 사람의 운명이다.

이미 정해져 있는 운명 때문에 절망하는가?
죽을 운명인 인간은 무엇 때문에 절망하는가?

꽃이 진 후 슬퍼하는 것은 꽃이 아닌 사람이다.
사람이 죽은 후 아파하는 것은 망자(亡者)가 아닌 가족이다.

못다 한 사랑이 사람을 절망케 한다.
어떻게 해도 부족한 사랑이 사람을 절망케 한다.

꽃이 질지 모른다는 고향에서 들려온 소식,
나는 결코 절망하지 않을 것이다.

나는 어느 때보다 차분하다.
한 번 죽는 것은 사람에게 정해진 것이다.

어머니의 어머니의 무릎

뇌출혈 수술을 받은
노쇠한 어머니의 몸은
어느 대학병원 중환자실에 누워 있다.
의식을 잃은 어머니의 영혼은
지금 어디에 있을까?
스르르 잠이 들어 있을까?
무슨 꿈을 꾸고 있을까?

아버지는 어머니가
점점 아기가 되어간다고 하셨다.
치매 걸린 어머니는
어려지고 어려지다 의식을 놓아버렸다.
아기가 된 어머니는 엄마가 보고 싶었던 걸까?
어머니의 어머니를 만나기 위한
지름길로 나아갔다.

어머니의 영혼은 지금
어머니의 어머니를 만나고 있을까?
어릴 적처럼
어머니의 어머니의 무릎*을 베고 누워 있을까?
젊은 얼굴의 어머니의 어머니는
까무룩 잠이 든 어린 얼굴의 어머니를
사랑스런 눈길로 바라보고 있을까?

엄마, 그동안 힘들었지?
이제 그만 할머니 따라가도 돼.
할머니 손 잡고 훨훨 날아가도 돼.
울고 있는 나 때문에 머뭇거리지 않아도 돼.
나중에, 아주 나중에
내가 세상 떠나는 날
날 만나러 찾아와 줘.

그때 나도,
엄마 무릎 베고 누워 있고 싶다.
스르르 잠이 들고 싶다.

---

* 아이유, <무릎>

연수강좌

마지막으로 어머니를 찾아뵌 것은
지난 11월 첫 번째 토요일이었다.

오전 병원 진료를 마치고,
아들 학원 픽업을 마치고,
KTX를 타고 오후 늦게 내려갔다.

부모님이 좋아하는 창평국밥을 시켜드리고,
약간의 용돈을 드렸다.
용돈을 받고 어머니는 어린아이처럼 좋아하셨다.

다음 날 연수강좌를 등록해 놔서
오늘 밤에 막차로 올라가야 한다고 말씀드리니
하룻밤도 안 자고 올라간다고 많이 서운해하셨다.

평소에는 초저녁잠이 많아 일찍 잠드시는데
그날은 기차 타러 떠날 때까지 거실에 앉아 계셨다.
특별히 할 말이 있었던 것도 아니었다.
그냥 내 곁에 앉아 계셨다.

시간이 다 되어
다음 달에 찾아뵙겠다고 말씀드리니
함께 있다가 이렇게 갑자기 떠나니
마음이 허통하다며 많이 아쉬워하셨다.

KTX 타고 올라가며
어머니 표정이 밝아 보여 그래도 다행이라고
다음 달에도 미리 용돈을 준비해 내려가자고
아내에게 말했다.

지금도 부모님 댁 달력에는
12월 두 번째 토요일에
영규 내려오는 날이라고 표시되어 있다.
그날만 기다리셨을까?

12월 두 번째 토요일은 다가오는데
어머니가 쓰러진 후 내려가게 될지는 정말 몰랐다.
용돈을 준비해도 용돈 받을 사람이 없게 될 줄은 정말 몰랐다.

이렇게 갑자기 쓰러질 줄 알았다면
하룻밤 자고 올라올 걸 그랬다.
다음 날 아침 식사 챙겨 드리고 올라올 걸 그랬다.
그깟 연수강좌 다음에 들을 걸 그랬다.

잘못 걸린 전화

지난 수요일 점심시간,
어머니에게서 전화가 왔습니다.
퇴근 후에 잠시 들르라고.

누나에게 전화한다면서
잘못 건 전화였습니다.

누나한테 건 거 아니냐니까
맞게 걸었다며 빡빡 우기셨습니다.
서로 웃으며 전화를 끊었습니다.

오늘 아침,
어머니께서 뇌출혈로 쓰러지셨습니다.

잘못 걸린 전화가
어머니의 마지막 목소리가 될지는 몰랐습니다.

이럴 줄 알았으면
퇴근 후에 잠시 들를 걸 그랬습니다.
KTX 막차 타고 올라올 걸 그랬습니다.

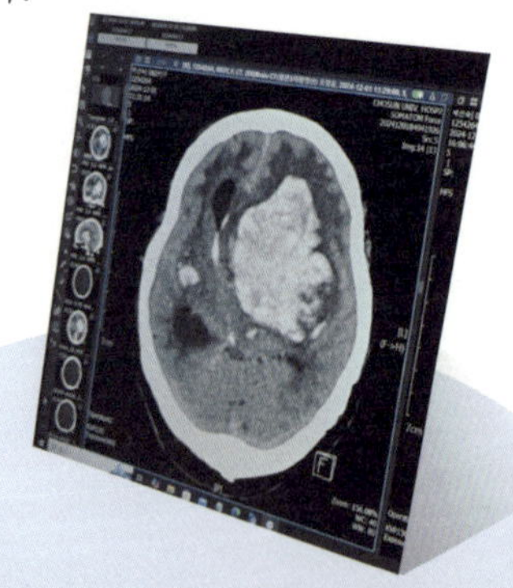

어머니는 모르시죠

어머니는 모르시죠.
대통령이 계엄을 선포했습니다.
1980년 이야기가 아닙니다.
어머니 쓰러지고 이틀 뒤에 일어난 일입니다.

어머니는 모르시죠.
국회에 군대가 투입됐습니다.
드라마 야인시대 이야기가 아닙니다.
2024년 대한민국에서 실제 일어난 일입니다.

어머니 쓰러지고 마음껏 슬퍼하고 싶은데
세상이 슬퍼할 시간을 안 줍니다.
자꾸만 분노하게 만듭니다.
저들을 어떡해야 합니까?

어머니는 모르시죠.
여당이 대통령 탄핵안을 부결시켰습니다.
2016년 이야기가 아닙니다.
저들은 권력을 지키기 위해 스스로 내란 동조자가 되었습니다.

전국 거리마다 시민들로 가득합니다.
시민들의 분노가 12월 한파를 녹이고 있습니다.
저들의 귀에는 시민들의 함성이 들리지 않는 겁니까?
어머니, 저들을 어떡하면 좋습니까?

마지막 인사

아버지는
어머니 불쌍해서 어떡하냐고
자꾸 말씀하십니다.
그런데, 어머니,
불행하기만 하셨습니까?

어머니 쓰러지신 날
긴 수술 끝나고
중환자실에서 어머니를 뵈었을 때,
어머니는 자고 있는 것만 같았습니다.
흔들어 깨우면 금세라도 일어날 것만 같았습니다.
어머니 얼굴이 평온해 보여 다행이었습니다.
울고 있는 저에게 괜찮다고 말하는 듯했습니다.

주치의는 혹여 깨어나더라도
의식이 돌아올 가망은 거의 없다고 말했습니다.
마지막 인사를 못 나누고
보내드려야 한다는 것이 안타까웠습니다.
잠시라도 의식이 돌아와
저에게 마지막 말을 남긴다면
무어라 하실 건가요?

의사 아들이 둘이나 되는데
내 어지러운 병은 고치지도 못하고
결국 이렇게 보내는 거냐?
웃자고 하는 소리다.
아버지 자주 들여다봐라.
그만 놀러 다니고 교회 열심히 다녀라.
형제간에 우애하고 네가 먼저 연락해라.
아이들 원하는 대학, 원하는 직장에 들어갈 테니 아무 걱정하지 마라.

아닙니다.
어머니는 이미 저에게 마지막 말을 남기셨습니다.

나 괜찮다.
울지마라, 아가야.
한평생 잘 살다 간다.
나는 네가 내 아들이라 기뻤단다.
사랑한다, 아들.

저도 어머니께 마지막 인사를 남깁니다.

저도 괜찮습니다.
고통 없는 하늘나라로 마음 편히 올라가세요.
어머니 없는 세상, 더 열심히 살게요.
저도 어머니가 제 어머니여서 좋았어요.
사랑해요, 엄마.

종종걸음

어머니 뵈러 내려가는 길입니다.
바깥은 매우 춥습니다.
중환자실은 그래도 따뜻하죠?
저도 따뜻하게 동여매고 길을 나섰습니다.

옆자리에는 애 엄마가 앉았습니다.
아이는 앉자마자부터 칭얼대기 시작합니다.
젖병을 물려보고, 간식을 먹여보지만
그때뿐이고 계속해서 칭얼댑니다.

애 엄마는 결국 자리에서 일어납니다.
돌아다니다 한참 만에 돌아옵니다.
아이는 앉자마자부터 다시 칭얼댑니다.
애 엄마는 다시 일어날 수밖에 없습니다.

이 과정을 몇 차례 반복했습니다.
애 엄마는 자리가 있지만, 자리에 앉지 못했습니다.
기차에서 내리는 마지막 순간까지
계속해서 종종걸음 해야 했습니다.

어머니도 저를 그렇게 키우셨습니까?
칭얼대는 저 때문에 계속 종종걸음 해야 했습니까?
어머니 인생이 있지만,
어머니 인생을 제대로 누리지 못하셨습니까?
쓰러지는 마지막 순간까지도 제 걱정 때문에
편히 눈감지 못하시는 건 아닙니까?

어머니 뵈러 내려가는 길입니다.
어머니 얼굴이 평온했으면 좋겠습니다.
저도 웃으며 인사드리겠습니다.
이제는 편히 쉬세요, 어머니.

핸드폰 진동

뻐리이리리리
뻐리이리리리
뻐리이리리리

검진으로 정신없는 월요일 오전,
핸드폰 진동이 연신 울린다.
뭔가 싸한 느낌에 가슴이 덜컥 내려앉는다.

그동안 마음의 준비를 한다고 했는데,
어떤 소식이라도 받아들일 준비가 됐다고 생각했는데,
눈가에 갑자기 눈물이 고인다.

어제 오후부터 열이 난다고 했는데,
혈압이 갑자기 오른다고 했는데,
드디어 보내드릴 때가 된 건가?

핸드폰 들여다보기가 두려워
PC 화면만 한참을 들여다보다
간신히 핸드폰을 든다.

인터파크, 참좋은여행, G마켓
광고 문자만 한가득이다.
안도했다고 해야 할지, 다행이라고 해야 할지.

어제 병원에 가서
이제는 편히 쉬시라고 인사드렸는데
다 거짓이었나?

아니에요, 어머니.
이제는 정말 편히 쉬세요.
진심이에요.

수진자들이 정신없이 들락이는
검진 내시경실에서
나 홀로 괜스레 갈팡질팡하고 있다.

D-1

여느 때처럼 샤워를 하고
여느 때처럼 출근을 하고
여느 때처럼 일을 하고
여느 때처럼 밥을 먹고
여느 때처럼 커피를 마시고
여느 때처럼 농담을 하고
여느 때처럼 퇴근을 하고
여느 때처럼 책을 읽고
여느 때처럼 TV를 보고
여느 때처럼 잠이 든다.

어머니의 연명치료 중단을 하루 앞둔 D-1
평소와 다르지 않은 하루를 보내지만,
평소와 다른 시간이 흘러간다.
같은 공간에서 같은 일을 하지만,
낯선 공간에 나 홀로 있는 것 같다.

휴가 처리를 위해 여기저기 어머니 소식을 전한다.
말을 하다 보면 울컥하는 게 있어 괜스레 사무적으로 말한다.
아무렇지 않은 척, 덤덤한 척하지만,
아무렇지 않은 게 아니다.

나는 지금 위로가 필요하다.

결혼식 축가 베스트 가요

엄마, 잘 잤어?
나는 2시부턴 잠을 설친 것 같아.
어떻게 해도 잠이 안 드네.
할 수 없지, 뭐.

나는 지금 어머니 손녀랑 엄마한테 가고 있어.
오늘 엄마 하늘나라 보내주기로 한 날이잖아.
어머니 며느리는 학교 간 어머니 손자랑 오후에 내려올 거야.
늦게 왔다고 서운해하지는 마.

기차에 타면서 무슨 노래를 들을까 고민하다
'결혼식 축가 베스트 가요'를 선택했어.
오늘 같은 날 우울한 노래는 듣기 싫어서.
첫 노래로 폴킴의 〈모든 날, 모든 순간〉이 나오네.

> 네가 없이 웃을 수 있을까
> 생각만 해도 눈물이 나*

엄마 없는 세상 난 살아본 적이 없잖아.
처음이잖아.
엄마 없는 세상, 나 잘살 수 있을까?
웃으며 살 수 있을까?

멀리 떨어져 살더라도
어딘가 엄마가 있다는 생각이 큰 힘이 됐어.
이제는 이 세상에 엄마가 없잖아.
그래도 나 웃으며 살 수 있을까?

한 송이의 꽃이 피고 지는
모든 날 모든 순간 함께해*

세상에 좋은 일만 있을 순 없잖아.
늙고, 병들고, 죽어가는 일이 없을 순 없잖아.
그 모든 날을, 그 모든 순간을
함께 견디고, 서로 위로하며 살아가는 거잖아.

지금 내가 확실히 말할 수 있는 건
엄마와 이 땅에서 함께 한
모든 날, 모든 순간
엄마의 아들로서 정말 행복했다는 거야.

지금 엄마를 보내지만,
앞으로도 엄마는 내 마음에 함께 있을 거야.
앞으로의 모든 날, 모든 순간도 함께할 거야.
오십 넘은 막내아들의 주책맞은 말이라 해도 좋아.

---

* 폴킴, <모든 날, 모든 순간>

엄마, 이제 기차 내려야 해.
한 시간 후면 살아있는 엄마 얼굴 마지막으로 보겠다.
그래도 엄마 얼굴이 평온했으면 좋겠어.
나도 웃으며 보내드릴게요.

엄마,
사랑해요.
우리,
잘 살게요.

포옹

2024년 12월 11일 오전 9시 50분

하나님께서 어머니를 꼭 안아주신 시간

세대교체

많은 사람이 와서 함께 울어주었고
많은 사람이 와서 따뜻하게 안아주었습니다.
오랜만에 봐서 반가웠고
멀리까지 와줘서 고마웠습니다.

어머니께서 걸어오신
결코 쉽지 않았던 삶의 노정과
가족과 이웃을 위해 베푸신
어머니의 사랑과 선행을 추억합니다.

우리 어머니 많은 사랑을 베풀며 사셨구나,
우리 어머니 많은 사랑을 받으며 사셨구나,
새삼 깨닫습니다.

어머니께서 자주 물으시던 제 친구들도
어머니의 마지막 모습 보고 싶어 모두 모였습니다.
나이는 들었어도 속없는 것은 예전이랑 똑같습니다.
어머니를 좋아하는 그 마음도 예전이랑 똑같습니다.

어머니 영정 앞에 서서
조문객을 맞는 어머니 손주들
너무나 의젓하고 듬직합니다.
어머니도 흐뭇하시죠?
이렇게 세대가 바뀌어 갑니다.

어머니 장례를 치르며 많은 분들로부터
깊은 사랑과 따뜻한 위로를 받았습니다.
이번에 받은 사랑과 은혜 절대 잊지 않겠습니다.
살아가면서 일일이 갚겠습니다.

2부

꽃이 진 후

내가 눈에 보이지 않는다고
없는 것은 아니란다.
나는 영원히 네 마음속에
아침 달처럼 떠 있을 거란다.

우리와 함께 있다

엄마가 떠나갔다,
아니다,
엄마는 떠나지 않았다.
엄마는 우리와 함께 있다.

아빠 마음에도 있고,
누나 마음에도 있고,
형 마음에도 있고,
내 마음에도 있다.

각자가 기억하는
가장 행복했던 시절의 모습으로
각자의 마음속에
함께하고 있다.

엄마는 떠나갔지만,
엄마는 떠나지 않았다.
내가 이 세상을 떠나는 그 날까지
내 마음속에 함께할 것이다.

화평하게 하는 자

어머니 장례를 마치고 가족들이 함께 모였습니다.

힘들었던 지난 일들과 앞으로 있을 일들에 대해 밤늦게까지 이야기를 나누었습니다.

이야기를 나누다 때로는 울고, 때로는 웃었습니다.

아버지께서도 늦은 시간까지 자리를 지키며 자녀들이 모르는 옛날이야기를 들려주셨습니다.

어머니께서도 옆에 앉아 계신 것만 같았습니다.

모든 가족이 함께 모여 이렇게 웃으며 이야기를 나눈 것도 오랜만입니다.

어머니께서도 흐뭇하게 웃으며 지켜보고 계실 것만 같았습니다.

> 화평하게 하는 자는 복이 있나니
> 그들이 하나님의 아들이라 일컬음을 받을 것임이요
> (마태복음 5:9)

예수님께서는 자신이 흘린 십자가의 피로 하나님과 우리 인간을 화목하게 하셨습니다.

본인이 몸소 화평하게 하는 자의 본이 되셨습니다.

어머니께서는 하나님의 자녀임이 분명합니다.

어머니께서도 자신의 죽음을 통해서까지 가족들을 화목하게 하셨습니다.

남은 가족들이 할 일은 어머니께서 선물로 주신 화목을 지키는 것입니다.

예수님과 어머니의 본을 따라 우리도 화평하게 하는 자가 되는 것입니다.

어머니처럼 죽어가는 그 순간까지도 하나님의 자녀로 살아가는 것입니다.

김광석과 어머니

너무 아파하지 마라.

너무 슬퍼하지 마라.

너무 미안해하지 마라.

하루 이틀 울었으면 이제 그만 일어나라.

일상으로 돌아가 네 할 일을 해라.

너무 아픈 사랑은 사랑이 아니다.*

내가 바라는 사랑은 그런 사랑이 아니다.

이제 그만 털고 일어나 네 할 일을 해라.

* 김광석, <너무 아픈 사랑은 사랑이 아니었음을>

슬프다?

슬프다.
슬프지 않다.
슬프지만 슬프지 않은 척한다.
슬프지만 괜찮은 척한다.
슬퍼도 정말 괜찮다.
슬퍼서 정말 좋다.
슬프지만 때로는 기쁘다.
슬프지만 때로는 깔깔깔 웃는다.
웃고 있다고 슬프지 않은 건 아니다.
울고 있다고 슬프기만 한 건 아니다.

슬퍼하고 있는 나를 안다.
슬퍼하고만 있는 건 아닌 나를 또한 안다.

꿈

어젯밤 꿈에 엄마가 나왔다고
누나에게서 문자가 왔다.
엄마가 웃고 있었다고
엄마를 꼭 안아 드렸다고
엄마를 봐서 좋았다고
울면서 문자를 보냈다.

내 꿈에는 엄마가 나온 적이 없다고
누나에게 답장을 보냈다.
누나가 나온 적은 있다고
누나가 울고 있었다고
누나의 눈물이 내 볼에 떨어졌다고
이제 그만 우시라고

누나의 꿈에는 엄마가 나왔고
내 꿈에는 누나가 나왔다.
누나의 꿈속에서 엄마는 웃고 있었고
내 꿈속에서 누나는 울고 있었다.

누나는 꿈속에서 엄마를 꼭 안아드렸고
나는 꿈속에서 누나에게 아무것도 해주지 못했다.

내가 확신하는 건, 엄마는
누나도 자기처럼 웃기를 원하실 거라는 것
다음 꿈에서는
활짝 웃고 있는 누나 모습을 보고 싶으실 거라는 것

엄마, 내 꿈에는 안 나와도 되니
누나 꿈에 자주 나와 누나 많이 안아주세요.

의무

어머니가 돌아가신 후,

형은
홀로 남은 아버지를 모심으로
자녀로서 부양의 의무를 다하고 있다.

누나는
밤낮없이 눈물을 뿌림으로
자녀로서 애도의 의무를 다하고 있다.

이도 저도 아닌 나는
나에게 주어진 하루 일과에 최선을 다함으로
자녀로서 생육의 의무만 간신히 다하고 있다.

소원

하늘나라에
직통 전화가 있었으면 좋겠어요.

엄마,
내 목소리 들려?

아침 달

성탄 후 첫날 아침 출근길,
하늘에 달이 떠 있었습니다.
C자 모양의 그믐달이었습니다.
저도 모르게 달에게 말을 걸었습니다.

출근하느라 정신없는 아침 시간에
하늘에서 달을 보리라고는 기대하지 않았습니다.
하늘에서 달이 저에게 말했습니다.
눈에 보이지 않는다고 없는 것은 아니란다.

얼마 전 돌아가신 어머니 생각이 났습니다.
어머니께서 저에게 말하는 것 같았습니다.
내가 눈에 보이지 않는다고 없는 것은 아니란다.
나는 영원히 네 마음속에 아침 달처럼 떠 있을 거란다.

성탄 후 첫날 아침,
저는 분명 달을 보았습니다.
달과 대화도 나눴습니다.
그러다 회사에 늦을 뻔했습니다.

장례 후 첫 주일

어머니 보내드린 후 처음 맞는 주일입니다.
저는 아내와 함께 집 근처 교회를 찾았습니다.

대면 예배를 금지했던 코로나19 팬데믹 때부터이니
교회 안 간 지 한 4년은 된 것 같습니다.
한 번 안 가다 보니 또 쉽게 가지지 않았습니다.

하늘나라에 계실 어머니께서 가장 기뻐하실 게 뭘까
곰곰이 생각해 보았습니다.
어머니 소원 하나는 들어드리고 싶었습니다.

오늘은 성탄 주일입니다.

목사님께서는 '예수 그리스도께서 오신 목적'에 대해 말씀을 전하셨습니다.

1) 하나님의 약속을 성취하기 위해서
2) 자기 백성을 구원하기 위해서
3) 우리와 함께 있기 위해서

자기 백성?
저는 당신의 백성 맞나요?
어머니는 당신의 백성 맞지요?
당신과 지금 하늘나라에 함께 있는 거 맞지요?

언젠가 어머니와 하늘나라에서 재회할 것을 꿈꿉니다.
그러기 위해서는 저도 당신의 백성으로 살아야 할 텐데
저의 믿음 없는 것을 도와주소서.
저의 죄에서 저를 구원하소서.

어머니 고향 마을

수년 전,
부모님 건강이 나빠지기 시작하면서부터
이번이 부모님과 함께 지내는
마지막 명절일 수 있겠다는 생각이 매번 들곤 했다.
어떻게든 시간을 내어
부모님과 함께 시간을 보내고 싶었다.

前 직장을 그만두고
새 직장에 들어가기까지
한 달 정도 시간적 여유가 있었던
지난 9월,
부모님을 모시고
어머니 고향 마을에 다녀왔다.
외할아버지 모신 선산에도 가고
외할머니 모신 추모공원에도 가고
고향 마을에 살고 있는 외삼촌도 만나 뵈었다.
어머니는 연신 고마워했다.

어머니는 다리에 힘이 없어 잘 걷질 못했다.
일 년 전과도 너무나 달랐다.
세월이 무서웠다.
손을 잡고 부축해서 다녔다.

어머니는 내 손을 꽉 쥐셨다.
어머니는 외삼촌에게 이번이
죽기 전 마지막 보는 것이 될지도 모르겠다고 했다.
실제 그렇게 되었다.

지금껏 살면서 어머니께
잘못한 것도 많고
서운하게 한 것도 많고
아쉬운 것도 많지만
이제 와 내가 잘한 한 가지를 찾는다면
추석을 앞둔 지난 9월,
부모님을 모시고 어머니 고향 마을에 다녀온 것이다.

예수님의 머리에 향유를 부어
자신도 모르게
예수님의 장례를 준비했던 여인*처럼
속으로는 가고 싶었으나
그동안 한 번도 표현하지 않았던
어머니 고향 마을에 부모님을 모시고 가
나도 모르게
어머니의 장례를 준비했던 것 아닐까.

* 그는 힘을 다하여 내 몸에 향유를 부어 내 장례를 미리 준비하였느니라(마가복음 14:8)

오늘은 제 생일입니다

석 달 전입니다.

어머니는 어지럽고, 눈이 침침하고, 걷기 힘들어합니다.

새로 생긴 증상은 아니고 노상 있던 증상입니다.

자녀들은 그 증상에 적응해 살아야 한다고 말합니다.

아버지는 적극적으로 나서서 치료해 주지 않는 자녀들이 서운합니다.

본인이 직접 나서서 병원에 데리고 다닙니다.

안과에 데려가 백내장 수술을 시킵니다.

재활의학과에 데려가 물리치료를 시킵니다.

자녀들은 적극적으로 나서서 말리지는 않습니다.

병원에 열심히 다니는 것이 생의 의욕으로 느껴졌기 때문입니다.

단 하루를 살더라도 건강하게 살고 싶어 하는 부모님의 마음을 알기 때문입니다.

치료하면 나을 수 있다는 희망을 꺾고 싶지 않기 때문입니다.

다니는 진료과가 늘어날수록 먹는 약이 늘어납니다.

혈관성 치매가 의심되는 어머니는 안 그래도 출혈 성향을 높이는 약을 많이 먹고 있습니다.

아스피린, 프레탈, 스타틴, 기넥신……

어지럽다고 할 때마다 하나씩 추가됐습니다.

여기에 진통소염제를 보탭니다.

그러고 얼마 되지 않아 뇌출혈로 돌아가십니다.

떨어져 사는 아들은 어머니의 치료에 좀 더 적극적으로 개입하지 않은 것에 대해 죄책감을 느낍니다.

누구한테 말은 못 하고 모든 게 자기 탓인 것만 같습니다.

진통소염제 못 먹게 할 걸

아스피린이든 프레탈이든 하나는 미리 끊게 할 걸

누구 한 명의 탓은 아니지만,

모두가 저마다의 이유로 죄책감에 시달립니다.

어느 누구 하나 나쁜 마음이었던 사람은 없습니다.

그럼에도 불구하고

돌아가신 어머니가 이러는 걸 원치 않는다는 걸 알면서도

오늘은 제 생일입니다.

어머니의 축하 전화가 받고 싶습니다.

지루한 하루 가는 중
억지로 흘러가는 중
들린다 목소리 아무리 막아도
보인다 얼굴이 웃는 그 사람아

내 생애 가장 아름다운 말 그대*

어머니

* 양희은, <내 생애 가장 아름다운 말>

MBC 복면가왕

지난 길었던 설 연휴,
아버지께서는 우리 집에서 설을 쇠셨습니다.
언제 오고 안 오셨을까요?
너무나 까마득하여 기억도 잘 나지 않지만,
코로나19 유행하고는 한 번도 안 오셨으니
최소 5년은 넘었습니다.

이전에 고향 집에 내려가면
항상 전원일기를 보고 계셨어서
웨이브(Wavve)로 전원일기를 미리 찾아 놓고 기다렸습니다.
전원일기를 틀어드리니 한 편 보고는
TV 리모컨을 달라시더니 이리저리 돌려본 후
이게 그렇게 재밌으시다면서
MBC 복면가왕을 보셨습니다.
아버지께서 복면가왕을 좋아하시는지는 이번에 처음 알았습니다.

우리 집에 계시는 동안 주로 보셨던 TV 프로그램을 정리해 보았습니다.

MBC 복면가왕, KBS 전국노래자랑, KBS 아침마당, KBS 6시 내고향, MBN 나는 자연인이다, 복지TV 전국 나눔 노래자랑……

전원일기는 이후로 단 한 번도 찾지 않으셨습니다.
그러면 이전에는 왜 그리 전원일기만 보고 계셨을까요?

전원일기는 어머니께서 좋아하셨던 거구나,

본인은 아주 좋아하지는 않았지만,

어머니께서 좋아하는 TV 프로그램을 틀어놓았던 거구나 싶었습니다.

어머니 없이 지낸 첫 명절,

아버지 옆에 앉아

아버지께서 좋아하시는 TV 프로그램을 함께 보았습니다.

이전에는 아버지께서 어머니 옆에 앉아

어머니께서 좋아하시는 TV 프로그램을 함께 보셨을 테지요.

언제 우리 집에 다시 오시게 될지는 모르지만,

다음에는 MBC 복면가왕을 미리 찾아 놓고 기다리겠습니다.

아버지의 불면

지난 주말에는
어머니를 보내드린 후
처음으로 아버지를
뵈러 내려갔습니다.

아버지께서 말씀하셨습니다.
저녁에 일찍 잠들었다가
불현듯 네 엄마 생각이 나면
그날은 잠을 설치게 된다고

부모를 보내는 것보다
수십 년을 살 부대끼며 함께 산
배우자를 보내는 것이
더 힘든 것 같다는 생각이 들었습니다.

며칠 지나면
부모님 결혼 59주년인데
60년은 채우실 줄 알았는데
안타까웠습니다.

3부

기억이 지다

기억이 없어진 건 어머닌데 내 세상이 없어진 것만 같다.

기억이 지다

기억이 없어진다는 건
세상이 없어지는 것일까?

기억이 없어져도
세상은 여전히 존재할까?

어머니는 치매에 걸렸다.
세상의 기억이 사라지고 있다.

기억이 없어진 건 어머닌데
내 세상이 없어진 것만 같다.

인스턴트 만두

어릴 적 우리 집은 가난했다.
아버지는 2.5 톤 화물차를 운전하셨고,
집은 언제나 어머니의 부업거리로 먼지가 자욱했다.

모두가 힘들었지만,
그 힘든 시기를 무사히 건너올 수 있었던 건
특별히 아픈 사람이 없었기 때문이었다.

속으로 병을 키우고 있었는지는 모르지만,
아파서 병원에 다닌 사람은 없었다.
속이 안 좋으면 약국에서 까스명수 한 병 사서 먹으면 그만이었다.

그 누구도 아프면 안 되었고,
아파도 앓아누우면 안 되었다.
건강이 무너지면 모든 것이 무너질 판이었다.

어제는 거의 일 년 만에 부모님을 뵙고 왔다.
코로나19를 핑계로 오랫동안 고향 방문을 피했었다.
오랜만에 뵌 부모님 모습은 너무 많이 달라져 있었다.

하얗게 센 머리털
꾸부정한 등어리
종종거리는 걸음걸이

점심으로 인스턴트 만두를 내놓았다.
그래, 인스턴트 만두!
만두가 싫으면 볶음밥도 있다며 봉지를 보여줬다.

뭘 만들어 먹기 귀찮아 대충 먹는다고 했다.
인스턴트 만두가 슬펐다.
만두만도 못한 나 자신이 더 슬펐다.

부모님께서는 오랜만에 내려온 아들을 보며 많이 웃었다.
여전히 퉁명한 아들 얼굴 쳐다보는 것만으로도 행복해했다.
내가 우리 아이들 보며 행복해하는 것처럼.

부모님께서는 올라가는 나를 보며
아프지 말라고 했다.
온몸 여기저기 안 아픈 곳이 없는 부모님께서.

저 아프지 않고 건강하게 지낼게요.
아프면 참지 않고 바로 병원에 가겠다고 약속해 주세요.
그리고 오랫동안 제 곁을 지켜주세요.

아들의 눈물

모든 아들은 누구나 집 나간 탕자다.
모든 아들은 누구나 뒤늦게 후회하는 불효자다.

어머니는 매일 새벽 아들의 영혼을 위해 기도하고,
집 떠난 아들은 돌아올 줄 모른다.

치매 걸린 어머니는 정신없는 중에도 아들을 찾고,
멀리 있는 아들의 뺨에는 주르륵 눈물이 흐른다.

콜레라 종식 기원

울 어머니는 '코로나'를 '콜레라'라 부른다.
'콜레라'가 늘어 밖에도 못 나간다며 애먼 '콜레라'를 탓한다.

'코로나'가 유행한 지 3년이 다 됐건만
언제 '콜레라' 없어지냐며 '콜레라 종식'을 기원한다.

출근길에 전화하면 오늘 하루 '콜레라' 조심하라고 하시고,
퇴근길에 전화하면 오늘 '콜레라' 환자 많이 왔냐고 물으신다.

'콜레라'는 수인성 전염병이고,
지금 유행하는 것은 '코로나'라고 알려드려도 그때뿐이다.
의사 아들 체면이 말이 아니다.

그래도 울 어머니는 아직까지 '코로나'에 걸리지 않았다.
'코로나'를 '콜레라'라 부르니 지 아닌지 알고 도망갔나?

'코로나'든 '콜레라'든 안 걸리고, 안 아프면 장땡이다.
'코로나'도 '콜레라'도 안 걸린 울 어머니가 광땡이다.

멀미

어머니의 모습은 한 해 한 해가 다르다.
지난 설에 뵌 모습이 작년 추석 때와도 다르다.

한창 크는 아이들만 매해 다른 줄 알았더니
늙어가는 어머니의 모습도 해마다 다르다.

가까이 사는 가족들은 못 느낄지도 모르는 차이
멀리서 드리는 전화로는 느낄 수 없는 차이

떨어져 지내며 명절 때나 찾아뵙는 아들은 그 차이가 속상하다.
가까이 모실 수 없는 아들은 속이 아려도 말을 아껴야 한다.

멀미가 날 것 같다.
맥소롱을 마셔도 소용없다.

할머니 환자 많이 온 날

걸음걸이가 달라졌다.
집안에서도 종종걸음으로 다닌다.
자주 넘어진다.

말하는 게 달라졌다.
말을 하다 말고 머뭇거린다.
똑같은 것을 묻고 또 묻는다.

어머니에게서 전화가 왔다.
신발도 혼자 못 신는데
병신 다 됐다고 했다.

요즘 여행지 가면 어르신들
휠체어 타고도 잘만 돌아다니시더니만
아직은 괜찮으니까
좋은 데 모시고 가 맛있는 것 많이 사드리겠다고 했다.

예전에는 그럴 필요 없다고
네 일이나 잘하라고 했었는데
아무 말 안 하신다.

그날따라 할머니 환자들이 많이 왔다.

여행 타이밍

살면서 중요한 것 중 하나가 타이밍이다.

이번만 지나고 해야지 라고 생각하지만
지금 아니면 못 하는 것들이 있다.

그중 하나가 부모님과의 여행이다.

지난 설날에 내려가서 보니
부모님이 많이 늙으셨다.

지금이 아니면 함께 여행하는 것이
어려울 수도 있겠다는 생각이 들었다.

올라오자마자 직장에 휴가 신청을 하고,
진도에 있는 어느 리조트를 예약했다.
그리고 부모님께 전화했다.
2월에 진도 여행 가는 것 아시죠?

부모님은 몸이 안 좋다며 싫다고 하셨고,
아내는 말로는 좋다고 했지만,
시부모님과의 여행이 편한 며느리는 없다.
아무도 이번 여행을 내켜 하지 않았다.

그런다고 포기할 내가 아니다.
이삼일마다 전화를 걸어 설득한 끝에

지난 주말에야 간신히 승낙을 받았다.

송가인 마을 한번 가셔야죠?
송가인 싫다는 어르신을 본 적이 없다.

늦었다고 생각될 때 바로 실행해야 한다.
지금이 아니면 정말 늦는다.

아버지와 양촌리 사람들

나이가 들면 잠이 많아진다.
잠은 많아지지만 깊게는 못 잔다.
깊게 못 자니 자고 나도 피곤하다.
피곤해서 또다시 잠을 청한다.
잠을 청해도 쉬이 잠들지 않는다.
잠들지 않아도 그냥 누워 있는다.
일어나면 피곤하니까 그냥 눈 감고 있는다.
눈을 감고 있으면 잠이 든 듯, 안 든 듯하다.

TV에는 '전원일기'가 하루종일 틀어져 있다.
TV를 보고 있는 건가? 안 보고 있는 건가?
TV를 끄면 어느새 눈을 뜨고 리모컨을 찾는다.
TV를 켜고 또다시 눈을 감는다.

TV 속 양촌리 사람들은 모두 다 예전 모습 그대로인데,
우리 아버지만 나이가 들었다.
우리 아버지만 잠이 많아졌다.

사과 플렉스

요즘 사괏값이 너무 올랐다죠.
작년보다 2배 이상 올랐답니다.
오죽했으면 '애플레이션'이란 말까지 나왔겠습니까.
말 그대로 금 사과죠.

지난 설에 부모님 댁에 가면서
과일 집에 들러
이 집에서 제일 좋은 사과로
한 박스 달라고 했습니다.
일종의 플렉스였죠.
비싸긴 비싸더군요.
그래도 부모님 댁으로 가는 걸음걸이가 순간 당당해지더군요.
이 비싼 사과를 박스째 드렸습니다.
부사로다가.
사과는 역시 부사죠.

그 이후로는 사과를 못 사 먹고 있습니다.
비싸도 엔간히 비싸야 말이죠.

그래도 부모님께는 좋은 것으로 드리고 싶었습니다.

서러운 웃음

전쟁 통에 국민학교도 못 나온 어머니
본인 공부 못 한 게 한이 되어
자식들은 좋은 학교 보내고 싶어 했던 어머니
가난한 살림에 고생만 옴팡지게 한 어머니

징한 놈의 세상
고단했을 한 평생
어머니는 그저 고되기만 했을까?
좋은 것은 없었을까?

치매 걸린 어머니,
의사 아들이 둘인디
어지러운 병은 왜 못 고쳐주냐며
서러운 척 웃으시던 어머니

광주 가는 길

나는 지금 광주행 KTX를 타고 가고 있다.

지난 주말 아버지는 폐렴으로 집 근처 병원에 입원했다.
목포에 사는 누나는 자신이 가볼 테니 내려오지 말라고 했다.
어제저녁 목포로 돌아가면서 어머니가 혼자서 약도 잘 못 챙겨 먹어 걱정이라고 했다.
치매가 있는 어머니 약은 오래전부터 아버지가 챙겼었다.

오늘 아침 어머니에게서 전화가 왔다.
쓰레기 버리려 나왔다가 문이 안 열어져 못 들어가고 있다는 거였다.
카드키를 갖고 있는데도 간혹 있는 일이었다.
집에 아버지가 없으니 문 열어줄 사람이 없었다.

사람이 늙는다는 게 슬프고 무섭다.
간신히 울음을 참고 있다.
모든 사람이 가야 할 그 길을 부모님도 가야만 한다.
나도 언젠가는 뒤따라가야만 한다.

못 할 게 없는 사람

어릴 적 어머니는 못 할 게 없는 사람*이었다.
가족들과 살아남기 위해 뭐든 해내야 했다.
치매 진단을 받은 지금은 할 수 있는 게 많지 않은 사람이 되었다.
젊어서 너무 많은 것을 해내다 보니 지금은 할 수 있는 게 없어졌다.

어릴 적 아버지는 할 수 있는 것만 하는 사람이었다.
많은 것을 하진 않았지만, 할 수 있는 것은 꼭 해냈었다.
건강이 나빠진 지금도 할 수 있는 것은 꼭 한다.
젊어서부터 할 수 있는 것만 하다 보니 지금도 할 수 있는 것은 꼭 한다.

못 할 게 없는 어머니 밑에서 나는 못 할 게 많은 사람으로 자랐다.
내가 제일 잘하는 건 불평, 불만, 투정이었다.
나이가 제법 든 지금도 여전히 못 할 게 많은 사람으로 살고 있지만,
불평, 불만, 투정은 사랑, 감사, 웃음으로 바뀌었다.

---

* 정끝별, <삼대>

할 수 있는 것만 하면서도 행복하게 살고 있는 건
누군가 내가 못 할 일을 대신해 주고 있기 때문이다.
그때는 어머니가, 지금은 누군가가
나의 빈구석을 채워주고 있다.

못 할 게 많은 나와 결혼한 아내도 역시 못 할 게 많은 사람이었다.
못 할 게 많은 사람들이 만나 서로의 빈구석을 채워가며 살고 있다.
못 할 건 억지로 하려 하지 않고,
할 수 있는 몇 가지가 있음에 감사하며 살고 있다.

우리 아이들은 우리보다도 못할 게 더 많은 아이들로 자라고 있다.
하고 싶은 것, 할 수 있는 것만 해도 된다는 건 얼마나 큰 축복인가!
아이들은 동의하지 않을지 모르지만,
아이들은 넘치는 축복 속에 자라고 있다.

시간이 훌쩍 지난 어느 날 깨닫게 될 것이다.
지금 이 시간이 그리워질 것이다.
지금의 나처럼.

천 원짜리 열다섯 장

어머니는 천 원짜리 열다섯 장을 봉투에 넣어 주셨다.
아무리 뒤져도 이것밖에 없다며
휴게소에서 뭐라도 사 먹으라며

천 원짜리 지폐는 구깃구깃했다.
얼마나 오래되었는지
어머니 이마의 주름처럼

지난번에 드린 돈은 어디 두었냐고 물으니
다른 사람들 왔을 때 다 줬단다.
남은 건 구겨질 대로 구겨진 천 원짜리뿐

폐렴으로 입원한 아버지
홀로 집에 남은 치매 걸린 어머니
천 원짜리까지 나한테 주면 혼자서 어찌 지내나.

내 지갑에 들어 있던 만 원짜리 다섯 장을 어머니께 드렸다.
혹시 모르니까 가지고 계시라고
현금 좀 더 많이 가지고 다닐걸

만 원짜리를 받은 어머니는 좋아하셨다.
손주라도 오면 줄 게 생겼다며
어머니 이마의 주름이 조금은 펴진 것 같았다.

도저히 쓸 수 없는 돈 일만오천 원
어머니가 준 용돈 일만오천 원
내 지갑은 천 원짜리 지폐로 두툼해졌다.

4부

기억을 더듬어

부모님의 자녀로 태어나 살아온 것이 너무나 감사했습니다.

부모님의 자랑스런 자녀로 부끄럼 없이 살아가겠습니다.

삶의 이유

자식들은 이유를 묻는다.
왜 이렇게 사셨어요?

어머니에게는 이유가 없다.
주어진 삶을 그저 살았을 뿐이다.
삶 자체가 이유였을 뿐이다.

누구 때문이랄 것도 없었다.
자신의 삶과 자식의 삶이 구분되지 않았다.
자식의 삶이 곧 자신의 삶이었다.

자식 입에 들어가는 것이 자기 입에 들어가는 거였다.
자식이 잘되는 것이 자기가 잘되는 거였다.
그렇게 세월이 흘렀다.

자식들은 또다시 묻는다.
누가 그렇게 사시라고 했어요?

시킨 사람은 아무도 없었다.
그렇게 사는 게 당연했을 뿐이다.
당연한 걸 묻는 자식들이 서러울 뿐이다.

자식들은 어떻게 해도,
어머니의 삶을 모른다.

추수감사절

어머니,
오늘은 추수감사절입니다.
당신은 오늘 무엇에 대해 감사하고 계십니까?
당신의 굽은 허리엔 무엇이 담겨 있습니까?

어머니,
어릴 적 우리 집엔 당신의 부업거리로 항상 먼지가 자욱했습니다.
트럭 운전사였던 아버지 수입만으로는 살아가기가 항상 빠듯했습니다.
당신은 맘 편히 쉰 적이 단 한 번도 없었습니다.
그러나 저에게는 당신의 지친 어깨를 주물러 드린 기억이 전혀 없습니다.

어머니,
당신은 저를 게으른 아들로 키우셨습니다.
설거지 한 번, 심부름 한 번 했던 기억도 나지 않습니다.
그럼에도 저의 입은 항상 나와 있었습니다.
누구에게랄 것도 없이, 여기저기 더덕더덕 붙어 있는 가난이 지겨웠을 테지요.
지금은 당신의 며느리가 저를 게으른 남편으로 키우고 있습니다.

어머니,

당신은 서서히 나이 들지 않고, 한순간에 약해지셨습니다.

자식들이 당신의 날개 밑에서 당신을 의지하며 살아갈 동안에는 세상 그 누구보다 강하셨습니다.

자식들이 한 명, 한 명 각자의 삶을 위해 당신의 둥지를 떠나간 후, 당신은 갑자기 노인이 되셨습니다.

이제 모든 것을 다 이루었다는 듯

어머니,

당신은 택시만 타면 병원 일을 물으십니다.

부끄럼 많은 저는 불퉁하게 대답하고 맙니다.

제 손을 살며시 잡는 당신을 느끼며 당신의 힘든 삶에 대한 보상이 저 자신임을 깨닫습니다.

아니, 당신의 삶을 바친 헌신으로 지금의 제가 살고 있습니다.

어머니,

저는 지금도 좋은 아들은 아닙니다.

추수감사절인 오늘, 저는 당신의 아들로 태어나 당신의 아들로 살아가고 있음에 감사드립니다.

어머니, 당신은 오늘 무엇에 대해 감사하고 계십니까?

어머니에 대해 글을 쓴다면

'내가 어머니에 대해 글을 쓴다면 몇 페이지나 쓸 수 있을까?'
생각해 보니 어머니에 대해 아는 것이 많지 않습니다.
어머니께서 말씀을 아낀 것인지, 내가 새겨듣지 않은 것인지,
참으로 무심한 아들입니다.

저도 어느새 결혼하여 두 아이의 아빠가 되었습니다.
저희 아이들이 한 살 한 살 먹어가니
이제야 부모님이 어떤 마음으로 저희들을 키웠는지 궁금해집니다.
가진 것 없이 자식들을 키우고 살려니
억척스러워질 수밖에 없었고, 아이들 한 명 한 명의 소원에는
귀를 닫을 수밖에 없었을 것입니다.
아이의 소원을 들어주지 못하면 아이보다 부모의 마음이
더 아프다는 것을 두 아이의 부모가 되고 나서야
이제 어렴풋이 알 것 같습니다. 그때 많이 우셨습니까?

몇 년 전 광주에 갔을 때, 어머니 눈을 보고 깜짝 놀랐습니다.
어릴 적 제 기억과 달리 어머니 눈이 너무 작았습니다.
눈꺼풀은 쳐지고 눈물이 고여 있는 작은 눈을 보니
표현은 못 했지만, 마음이 아팠습니다.
그러나 저를 바라보는 어머니의 눈빛 속에서는
자부심이 엿보였습니다. 힘들었지만 열심히 살아왔다고,
그래서 너희들을 이만큼 키워냈다고,
그래서 내 인생은 결코 실패하지 않았다고 말하고 있었습니다.
어머니, 어머니의 그 자부심을 끝까지 지켜드리고 싶습니다.

아직 저는 부모님이 없는 광주를 상상할 수 없습니다.
그때가 언젠가는 올 테지요? 그때 저는 어떡해야 합니까?
어떻게 살아야 합니까? 아직은 가슴 속이 아닌
같은 하늘 아래 오랫동안 함께 살고 싶습니다.
어머니가 해주는 신 김치, 싱건지, 쑥국, 장조림을
오랫동안 먹고 싶습니다.
반찬값은 한참 지나서 목돈으로 드릴게요.
외상값 받으실 때까지 오래 사세요.

담양 꽃바위 부잣집 외동딸

어릴 적 어머니 집은 담양 꽃바위(花巖)의 소문난 부잣집이었다.
동네 거지들이 그 집 덕에 먹고 살았더랬다.
그 시절의 똑똑한 사람들이 대부분 그랬듯이
외할아버지는 사회주의 물이 들었더랬다.
한국전쟁을 거치며 젊은 나이에 일찍 돌아가셨고,
외할머니는 살아남기 위해 얼마 지나지 않아 재가하셨고,
그 많던 재산은 누군가 다 빼먹었더랬다.
어머니는 한순간에 부잣집 외동딸에서 천덕꾸러기 신세가 되었다.
재가한 외할머니를 따라가지 못했고, 이집 저집 떠돌아다녔다.
어릴 적 가정환경 조사할 때 어머니는 국졸이라고 쓰셨지만,
커서 알고 보니 국민학교도 제대로 졸업하지 못하셨다.

어머니는 제대로 자리 잡기 전에는
꽃바위에 발을 들이지 않으려고 마음먹었었다고 하셨다.
하지만 힘든 사람끼리 만나 살아간다는 게
아무리 억척스럽게 살아도 가난을 모면하기란 쉬운 일이 아니었다.
유일한 자랑은 공부 잘하는 자녀들이었다.
어려운 형편에도 세 자녀를 모두 교수 또는 의사로 키워내셨다.
자녀들은 어머니 일생의 훈장이었다.
꽃바위에는 언제 찾아가셨나 모르겠다.

어머니는 자신이 제대로 교육받았으면
박사도 되고, 교수도 되었을 거란 말을 간혹 하셨다.
아버지도 너희 엄마는 정말 똑똑한 사람이란 말을 종종 하셨다.
나는 그 말을 진실이라 믿는다.
그 시절의 아픈 역사만 아니었다면 박사도 되고,
유학도 가고, 교수도 될 수 있었을 거라는 것을
믿어 의심치 않는다.
우리가 지금 밥 먹고 사는 것도 모두
어머니의 눈물과 희생 덕분임을 잊지 않고 살고 있다.

대학에서 가끔 정치인들에게
명예박사 학위를 주는데 그들에게 줄 것이 아니라
우리 어머니 같은 분들에게 줘야 한다고 생각한다.

엄마는 엄마로 태어나지 않았다

엄마는 내가 태어날 때부터 엄마였다.
지금까지도 엄마다.
엄마가 아닌 엄마를 본 적이 단 한 번도 없다.

엄마는 내가 태어날 때부터 아빠의 아내였다.
지금까지도 아빠의 아내다.
아빠의 아내가 아닌 엄마를 본 적이 단 한 번도 없다.

엄마는 내가 태어날 때부터 억척스러웠다.
지금까지도 억척스럽다.
억척스럽지 않은 엄마를 본 적이 단 한 번도 없다.

엄마가 아닌 엄마,
아빠의 아내가 아닌 엄마,
억척스럽지 않은 엄마는
나에게 존재하지 않았다.

내가 태어날 때부터 아빠가 아니었듯
엄마도 처음부터 엄마가 아니었다.
내가 태어날 때부터 남편이 아니었듯
엄마도 처음부터 아내가 아니었다.

엄마는 엄마이기 이전에
여자였고, 소녀였고, 아이였고, 사람이었다.
엄마는 엄마로 태어나지 않았다.
나는 그걸 몰랐다.

가난의 기억

어린 시절, 가난했다.
가난이 부끄러웠다.

지금 와서 생각해 보니
나는 가난하지 않았다.

진짜로 가난한 사람은 엄마였다.
돈이 되는 일은 다 하며 살았다.

진짜 가난한 엄마 덕에
나는 풍족하게 살았다.

어머니의 기도

세상 속에서 하루하루 살아가다
되는 대로 살아가다
그저 살아가다
어느 순간
문득
누군가 나를 위해 기도하고 있다는 느낌을 받을 때가 있다.

누구일까?
누구일까?
어머니?
우리 어머니?

늙고 가난하고 못 배운 어머니의 무조건적인 자식을 위한 사랑과 기도
세상 속에서 세상의 기준에 따라 살아가다가도
결국 신앙을 떠나지 못하고 하나님 앞으로 다시 돌아올 수밖에 없는 건
어머니의 어눌한 기도

트럭과 청진기

내 힘으로 죽어라 살아온 것 같아도
나 혼자 잘난 것 같아도
돌이켜 보면
결국
아버지 그늘 아래였다.
아버지가 만들어준 인생이었다.

아버지가 젊은 시절
쉴 새 없이 달려왔기 때문에
가능한 인생이었다.

아버지의 2.5 톤 트럭이 만들어준 인생을
청진기 잡고 우아하게 살고 있는 거였다.

맘에 없는 말

나이가 들면 고집이 세진다.
절대 자식 말 안 듣는다.
자식에게 신세 지고 싶지 않다.

아들은 속상하다.
말 안 듣는 부모에게 화가 난다.
맘에 없는 말을 한다.

부모는 자식이 어렵다.
자꾸만 부담을 주는 것 같아 미안하다.
키우면서 못 해준 것만 생각난다.

아들은 속상하다.
자주 내려가 살피지 못해 죄송하다.
오랜만에 전화해 또 맘에 없는 말만 하다 끊는다.

김장김치

어머니로부터 전화가 왔다.
　　고속버스로 김장김치 보낼 테니까
　　시간 맞춰 받으러 나가라고.
　　혼자서 김장하느라 여기저기 안 아픈 데가 없다고.

나는 어머니께 대답했다.
　　힘드신데 뭐하러 보내냐고.
　　오늘은 수업이 있어서 받으러 갈 수가 없다고.

어머니는 웃으며 말했다.
　　그러면 내일 보내겠다고.
　　미리 싸놓은 김치가 익을까 걱정이라고.

나는 퉁명스럽게 말했다.
　　그러면 내일 보내라고.
　　나는 익은 김치 좋아하니까 걱정하지 마시라고.

세상에는 이해 못 할 일이 몇 가지 있다.

온몸이 아프다면서도 아들이 맛있게 먹을 것을 생각하며 흐뭇해하는 어머니와

뭐하러 보내냐며 짜증을 내면서도 어머니 김치 없이는 밥 먹지 못하는 아들.

다음 날 김장김치가 도착했다.

익은 김치를 좋아하는 아들을 위해 어머니는 이전에 담가놓은 무김치를 따로 싸서 보내셨고,

버스 놓칠까 봐 걱정되어 뛰어가던 아들은 넘어져 무릎이 깨졌다.

심통 유전자

중2 아들은 항상 심통이 나 있다.
집에만 오면 짜증을 낸다.
모든 것이 못마땅하다.
감사를 모른다.
항상 입이 나와 있다.

집밖에서는 모범생이다.
선생님 말씀에는 절대 순종이다.
친구들과도 사이가 좋다.
자기 할 일은 스스로 알아서 한다.
우리한테만 짜증이다.

심통 나 있는 아들의 모습에서 어릴 적 나를 발견한다.
나도 그렇게 입이 나와 있었다.
항상 그렇게 심술을 부렸었다.
지금도 고향 집에만 가면 이상하게 심통이 난다.
지금도 부모님만 만나면 온갖 투정을 다 부린다.

직장인으로서의 나와 가장으로서의 나, 그리고 막내아들로서의 나는 모두 다르다.

직장에서는 전문인으로 나름 열심히 살아가고 있지만,
고향 집에만 가면 어릴 적 막내아들이 된다.
집에서는 한 가정을 이끌어 가기 위해 나름 최선을 다하고 있지만,
부모님만 만나면 어릴 적 철없던 모습으로 돌아간다.

어릴 때 투정을 부리면 어머니는 이렇게 말하곤 했다.
"행복에 날라리 춤추고 있구먼."
투정은 행복을 확인하는 행위 맞다.
투정을 받아주는 것은 사랑의 행위 맞다.
투정을 부릴 수 있는 사람이 있다는 건 얼마나 행복한 일인가.

아들은 나에게서 심통 유전자를 물려받았고,
나는 부모님에게서 사랑 유전자를 물려받았다.
투정 부리는 아들이 그저 귀엽기만 하다.
아들의 투정을 기쁨으로 받아준다.
내 어릴 적 부모님이 그랬던 것처럼

알겠어

요즘 우리 아들이 아내에게 자주 하는 말은 '알겠어'다.
'알겠어'라는 단 한마디 말로 엄마의 모든 말을 요약한다.*

나는 무슨 말로 우리 어머니 말을 요약했을까?
찾아뵌 지 너무 오래되어 기억도 잘 나지 않는다.

말이 요약이지 사실은 일축이다.
더이상 말도 꺼내지 못하게 막는 거다.

세상의 모든 어머니는 아들의 단답형 대답에 상처받는다.
세상의 모든 아들은 그때 왜 그랬을까 후회한다.

어머니가 그리운 어느 겨울밤,
오늘 있었던 세상일들을 주절주절 늘어놓고 싶어도
어머니는 그날을 기약해 주지 않는다.
당장 오늘 밤이 아니라면……

오늘 퇴근길에 멀리 계신 어머니께 전화를 건다.
엄마, 잘 있지? 그냥 생각나서……
지금 바쁘다고? 담에 하라고?
한마디로 요약하신다.

---

* 이영광, <요약>

바닷가재보다 맛있는 그 욕

가난과 절약이 몸에 배어 있는 부모님은 돈 쓰는 것을 싫어하신다.
자식 돈 쓰는 것은 더더구나 싫어하신다.

부모님 모시고 외식 한번 하기가 쉽지 않다.
함께 해외여행 하는 것은 더욱이나 쉽지 않다.

그 어려운 걸 내가 해냈었다.
막내아들의 특권인 생떼를 써서 간신히 해냈었다.

십여 년 전 남산에 있는 어느 호텔 뷔페식당에서 밥을 사드렸다.
헛돈 쓴다고 욕은 얻어먹었지만, 그 욕이 스테이크보다 더 맛있었다.

사오 년 전 태국 패키지여행을 함께 다녀왔다.
손주들에게 할머니, 할아버지랑 즐겁게 지낸 추억을 만들어 달라고 통사정해서 간신히 다녀왔다.

쓸데없는 짓 한다고 질색을 하셨지만, 마음은 그렇지 않다는 걸 안다.
어린 시절 더 많은 것을 해주지 못한 미안함 때문이란 것도 안다.

코로나19가 휩쓴 지난 2년 동안 부모님은 그만큼 나이가 들었다.
내가 아는 좋은 것을 함께 할 시간과 체력이 그만큼 줄어들었다.

코로나19가 밉다면 바로 이 때문이다.
부모님과 함께 할 시간을 빼앗아 갔기 때문이다.

부모님과 함께 할 수 있는 시간이 얼마나 남았을까?
바닷가재보다 맛있는 그 욕 다시 한번 얻어먹을 수 있으면 좋겠다.

간밤에 생각해 보았습니다

간밤에 생각해 보았습니다.
부모님 덕분에 살고 있었습니다.
부모님을 많이 의지하고 있었습니다.
부모님의 자랑스런 자녀가 되고 싶었습니다.
부모님을 많이 사랑하고 있었습니다.
부모님과 함께 살아온 지난 시간이 행복했습니다.
앞으로도 오랫동안 건강한 모습으로 우리 곁을 지켜주시리라 믿습니다.

간밤에 생각해 보았습니다.
부모님의 자녀로 태어나 살아온 것이 너무나 감사했습니다.
부모님의 자랑스런 자녀로 부끄럼 없이 살아가겠습니다.

어머니 없는 첫 추석을 지내며

어머니,

어머니 없는 첫 추석 연휴가 끝나가고 있습니다.

이번 추석 연휴는 유난히 길었습니다.

많은 가족들이 해외로, 관광지로 여행을 떠났습니다.

저희 가족은 여행은 못 가고, 최근에 목포로 이사한 아버지를 찾아뵈었습니다.

아버지 건강은 조금씩 쇠약해지고 있지만, 아직은 식사도 잘하시고, 표정도 밝아 보였습니다.

오랜만에 보는 손주들이 반가운가 봅니다.

우리 아이들에게 용돈도 주셨습니다.

아이들 일정이 바빠서 오래 있지 못한 게 죄송할 따름입니다.

어머니와 함께 지낸 마지막 추석을 기억합니다.

前 직장을 그만두고, 새 직장에 들어가기까지 시간적 여유가 있었던 지난 추석,

건강이 좋지 않은 부모님을 모시고 어머니 고향 마을에 다녀왔습니다.

광주에서 담양이 멀지 않은데, 그동안은 왜 한 번도 가볼 생각을 못 했을까요?

어머니의 어린 시절 추억이 있고, 외할아버지와 외할머니의 흔적이 남아 있는 고향 마을에서 어머니는 회한에 잠기셨습니다.

고향 마을에서 만난 외삼촌에게 이번이 죽기 전 마지막 보는 것이 될지도 모르겠다고 하셨습니다.

그 말을 들으면서도 저는 실제 그렇게 되리라고 미처 생각하지 못했습니다.

어머니께서는 미리 아시고 계셨습니까?

어머니,

지난겨울 어머니 보내드리고 수많은 처음을 맞았습니다.

어머니 없는 첫 성탄절
어머니 없는 첫 부모님 결혼기념일
어머니 없는 첫 제 생일
어머니 없는 첫 설날
어머니 없는 첫 벚꽃
어머니 없는 첫 부활절
어머니 없는 첫 어머니 생일
어머니 없는 첫 어버이날
어머니 없는 첫 장미
어머니 없는 첫 대통령 선거

어머니 없는 첫 아버지 생일
어머니 없는 첫 추석

어머니와의 추억이 있는 날을 지날 때마다 어머니의 부재가 절실히 느껴졌습니다.

그런데 아직도 어머니 없이 맞아야 할 처음이 남아 있습니다.

어머니 없는 첫 단풍
어머니 없는 첫 첫눈
어머니 없는 첫 어머니 추모일

어머니 첫 추모일이 다가오고 있습니다.

어머니 없는 生이 처음이라 뭘 어떻게 준비해야 할지 모르겠습니다.

이전에 여기저기 적어놓은 어머니에 대한 글들을 찾아 읽어봅니다.

어머니를 보내드리며 들었던 생각들, 어머니를 보내드린 후 있었던 일들, 어머니와 함께한 오래된 추억들을 돌아봅니다.

다시 눈물이 날 것 같습니다.

어머니를 보내드리며 약속했던 것들을 다 못 지키며 살고 있는 것 같아 죄송스럽습니다.

마음만 앞서고, 행동이 따르지 않는 막내아들을 용서해 주세요.

어머니,

그동안 어머니에 대해 적어놓은 글들을 모아 책으로 만들고 싶어졌습니다.

이 책을 어머니 첫 추모일에 어머니께 올려 드리고 싶어졌습니다.

어설프고, 부족한 글이라도 어머니를 기억하고 싶은 막내아들의 정성이라 생각하고 귀엽게 봐주세요.

저도 어머니가 보고 싶은 밤에는 이 책을 찾아 읽겠습니다.

어머니,

저는 여전히 부모님 덕분에 살고 있습니다.

저는 여전히 부모님을 많이 사랑하고 있습니다.

부모님과 함께 살아온 지난 시간이 행복했습니다.

어머니가 없는 세상에서도

어머니의 자랑스런 자녀로 부끄럼 없이 살아가겠습니다.

2025년 10월

어머니의 사랑스런 아들 조 영 규

남겨진 시간 속에서

엄마가 떠나시기 전날의 기억이 아직도 선명하다.
그날 이후의 시간들은 견디는 일의 연속이었다.

엄마를 그렇게 떠나보내고 나서,
무언가를 해야만 했다.
그 많은 시간들을 어떤 방식으로든 견뎌야 했다.
슬픔과 죄책감이 뒤섞인 나날들이었다.

나는 오랫동안 미뤄왔던 교재 집필에 몰두하며 시간을 보냈다.
엄마로부터 잠시라도 멀어지고 싶었던 마음이었다.
그동안 동생은 이 책을 쓰며 오히려 엄마를 더 가까이 두고 있었다.

그 시간들을 묵묵히 견뎌준 동생이 대견하고, 또 안쓰럽다.
잃어버린 엄마에 대한 기억들을 다시 일깨워 준 이 소중한 기록을 남겨줘서 고맙다.

이 책이 우리 모두에게 작은 위로가 되길 바란다.

2025년 10월
꽃바위 소녀의 딸 조 경 희